JOURNAL

DE LA MALADIE ET DE LA MORT

DE

MIRABEAU L'AINÉ.

JOURNAL

DE LA MALADIE

ET DE LA MORT

D'HONORÉ-GABRIEL-VICTOR

RIQUETTI MIRABEAU,

Par P. J. G. CABANIS

Docteur en Médecine, et de la Société Philosophique de Philadelphie.

A PARIS,

Chez GRABIT, Rue d'Argenteuil, N° 14.

1791.

JOURNAL

DE LA MALADIE

ET DE LA MORT

D'HONORÉ-GABRIEL-VICTOR

RIQUETTI MIRABEAU.

Par P. J. G. Cabanis, Docteur en Médecine, et de la Société Philosophique de Philadelphie.

En prenant la plume pour décrire les derniers momens de l'homme extraordinaire que la France entière pleure avec moi, je n'ai pas besoin de solliciter l'indulgence publique pour le désordre d'un récit trop cruel à mon cœur. Dépositaire et gardien d'une vie si précieuse à la patrie; admirateur passionné de cette réunion si rare de talens divers; poursuivi par les souvenirs chéris, mais douloureux, de l'amitié la plus tendre et la plus noble; l'ame encore émue des scènes sublimes et touchantes qui ont accompagné cette grande catastrophe, exigerait-on de moi de les reproduire sans trouble et avec cette suite réfléchie qui ne peut être que l'ouvrage du calme et du recueillement?

Ce n'est pas une relation que je suis en état de faire, ou des matériaux que je puis rassembler pour l'histoire : c'est des tableaux dont je ne saurais soulager mon imagination, qu'en me les retraçant encore ; c'est des sentimens dont je suis oppressé, que j'ai besoin de répandre ; c'est ma juste douleur dont je cherche à me nourrir. Lecteur, vous ne trouverez ici que l'exactitude des faits, et la vérité des impressions qui m'en restent pour toujours.

Pardonnez les détails médicaux où j'entrerai sur la maladie qui vient de ravir à l'humanité l'un de ses plus zélés bienfaiteurs. Quand il n'en résulterait aucune connaissance utile pour l'art de guérir, des souffrances si funestes seraient encore intéressantes à décrire ; et l'on voudroit connaître les particularités du traitement par lequel on a tenté sans succès d'en prévenir la terminaison déplorable.

Je reviens sommairement sur l'origine de mes liaisons avec Mirabeau, et sur l'époque à laquelle il me confia le soin de sa conservation.

Ce fut le 15 juillet 1789 que je le vis pour la première fois. J'avois été témoin la veille, dans la journée, des grands mouvemens qui agitaient alors la capitale. J'avais appris le soir la conquête de la Bastille, et les circonstances sanglantes qui précédèrent ou suivirent cette expédition. Les troupes, pour le renvoi desquelles venait de paraître cette adresse éloquente, digne d'être placée à côté des plus beaux morceaux de la littérature ancienne ; les troupes environnaient encore Paris et Versailles.

Tous les bons citoyens n'attendaient pas sans inquiétude le parti qu'alloit prendre Louis XVI. Son caractère connu devait rassurer ; mais les voiles sombres qui semblaient répandus sur l'empire, et les orages qui s'amoncelaient de toutes parts, remplissaient les ames d'une défiance involontaire. Dans les agitations que tant de grands évènemens m'avaient communiquées, je volai à Versailles, pour m'informer par moi-même de la situation des affaires et du sort de quelques amis qui ne pouvaient pas être les derniers en péril, si l'Assemblée Nationale s'y trouvait réellement. Le matin, Mirabeau avait parlé plusieurs fois, et toujours avec un grand effet. C'est ce jour-là même qu'il avoit dit ces belles poroles : *Henri IV faisoit entrer des vivres dans Paris assiégé et rebelle ; et des ministres pervers interceptent maintenant les convois de Paris affamé et soumis.* Au moment ou j'arrivai, le roi venait, suivant son expression, *se réunir à son peuple*, et donner le signal de la paix à la France. Il fut reçu comme un père au milieu de sa famille qui croyait l'avoir perdu.

Quand il fut sorti, j'entrai dans l'enceinte des députés. La plûpart d'entr'eux ignoraient ou ne savaient qu'imparfaitement ce qui s'était passé la veille à Paris ; j'avais plusieurs nouvelles importantes à leur apprendre. Mirabeau me suivait des yeux, tandis que je parlais à cinq ou six de ses collègues : il demanda mon nom à Garat, le jeune, et à Volney, tous deux mes amis intimes ; et comme il avait vu ce nom au bas de quelques morceaux de littérature échappés à ma première jeunesse, il m'aborda avec l'intérêt qu'il ne manquait jamais de témoigner à tous les esprits auxquels il supposait de la culture. Je date de ce moment ma connaissance avec lui ; quoique j'aie depuis été long-tems sans presque le rencontrer, je ne l'ai jamais perdu de vue. Les avances amicales qu'il m'avait faites se sont retracées souvent à ma mémoire; et de son côté, lui-même il m'a dit plusieurs fois que cette entrevue lui avait laissé des traces, et qu'il faisoit remonter jusque-là l'époque de notre amitié.

A l'ouverture de l'Assemblée, il avait la jaunisse. Les travaux immenses qu'exigeait le début des affaires, ne lui permettaient pas d'employer les remèdes convenables. Par une confiance aveugle, dans la force de sa constitution herculéenne, ou par une sorte d'insouciance de lui-même et de la vie, il négligea cet état qui ne devoit pas être négligé. Dans le courant de l'été quatre-vingt-neuf, la nature tenta plusieurs efforts : la fiévre s'établit à différentes reprises ; mais le malade ne fit rien, soit pour la modérer, soit pour en rendre la solution avantageuse. On se rappelle qu'il traita plusieurs questions importantes dans de véritables accès de fièvre ; et les profondes combinaisons de son esprit ne s'en ressentaient pas plus que la vigueur de son éloquence. Le seul remède dont il fit usage, était une abondante boisson de limonade, à laquelle il joignait de petites quantités d'eau de la côte, pour maintenir l'activité de son estomac.

L'été et l'automne se passèrent dans une situation physique qui ne constituait pas de maladie bien caractérisée, mais qui, cependant, était fort éloignée de l'état sain. L'Assemblée Nationale vint à Paris. La salle de l'Archevêché qu'elle occupa pendant quelque temps, était extrêmement incommode : celle qu'elle occupa depuis, l'est un peu moins ; mais dans l'une et dans l'autre, l'air était fort mauvais. La salle du manège n'avait pas encore de cheminées pour l'évacuation de l'air corrompu, ni de tuyaux inférieus pour sa rénovation. Les membres les plus robustes de l'Assemblée se ressentaient du passage brusque, d'un local vaste et bien aëré, dont la belle saison avait permis d'ailleurs de laisser toujours les ouvertures libres, à ces salles humides, étroites, où l'hiver forçait de tenir habituellement de grands poëles allumés, et de clore avec soin les portes et les fenêtres. Il est difficile de respirer un air plus insalubre. L'estomac et les yeux en étaient principalement affectés. Les ophtalmies et les larmoyemens furent épidémiques, non-seulement parmi les Députés, mais aussi parmi les spectateurs curieux, qui suivaient leurs séances avec assiduité.

Mirabeau fut attaqué d'une ophtalmie rebelle, dont tous les secours de l'art mitigèrent à peine les accès, et ne purent prévenir les récidives. Il passa l'hiver dans les remèdes ; et plusieurs fois, il fut obligé de porter un bandeau sur les yeux. Vers le printems, après l'application de plusieurs vessicatoires aux parties supérieures, il parut sous l'oreille droite une glande assez considérable, qui s'étendait vers la face antérieure du cou.

Je ne fais pas l'histoire du traitement qui fut employé par un oculiste de réputation et par des médecins habiles ; je n'y pris aucune part : je n'eus pas même occasion de le suivre et d'en observer les effets. Tout ce que je sais, c'est que la santé de Mirabeau parut alors se dégrader au point d'inquiéter ses amis. Volney m'en parla plusieurs fois avec un vif intérêt. Je lui communiquai les réflexions et les conjectures que ses récits me faisaient naître. Il en fit part au malade, qui désira de me voir, et qui me demanda sur-le-champ un rendez-vous.

Le malade commença par me faire une histoire succinte de sa vie physiologique. Sa jeunesse avoit été très-saine et très-vigoureuse. A l'exception du temps qu'il avait passé dans le donjon de Vincennes, pendant lequel son estomac s'était considérablement dérangé, la douleur, la maladie, les incommodités même, semblaient s'être imposé la loi de respecter des années et des travaux dont la Patrie devait un jour recueillir tant de fruits précieux. Cependant, par la suite d'une vie agitée, et puisqu'il faut en convenir, par l'effet de nombreuses et graves erreurs de régime, ses entrailles s'étaient affoiblies. Il y éprouvait souvent des douleurs sourdes ; ses jambes s'engorgeaient de temps en temps ; les bras et la poitrine étaient attaqués par intervalles d'un rhumatisme vague qui n'occasionnait pas des souffrances aiguës, mais qui ne se terminait aussi par aucune crise complète : enfin l'œil gauche, depuis quelques années, offrait des indices légers et fugitifs de l'affection plus profonde dont il était menacé pour l'avenir. Ces divers accidens se succédaient sans période fixe, et se balançaient réciproquement. Il était aisé de sentir qu'ils étaient liés l'un à l'autre, et tenaient à la même cause; mais jamais il ne s'en montrait plusieurs à la fois ; un seul tenait lieu de tous ; et les forces s'exerçaient pendant ce temps avec leur énergie naturelle dans les organes libres.

On voit clairement qu'il existait une humeur sans caractère bien déterminé, que l'action de la vie tendait à chasser du corps, et qui frappoit à différentes portes.

Assez long-temps avant la convocation de l'Assemblée, Mirabeau avait eu une colique violente. Cette maladie fut jugée si éminemment inflammatoire, qu'on lui tira, dans l'espace de deux jours, plus de vingt poëlettes de sang. Ses forces extraordinaires étaient restées, jusque-là, dans toute leur intégrité. Mais, dès-lors, il y sentit un déchet considérable ; et, comme il le disait lui-même, cette époque fut pour lui, celle du passage de l'été à l'automne.

J'ai dit qu'un état sémi douloureux des entrailles, une affection rhumatique mal prononcée, une affection plus légère encore des yeux, sur-tout de l'œil gauche, et le gonflement des jambes, paraissaient et disparaissaient chez lui alternativement, de manière qu'il n'était jamais sans l'une de ces incommodités. Aucune n'était grave : la dernière était la moins grave de toutes ; aussi la regardait-on comme une crise ; et ses amis, sans le concours d'aucun médecin, cherchèrent plus d'une fois à la produire par art.

Dans le temps que la convocation se préparait à Paris, et que l'opinion, comme un torrent irrésistible, entraînait le gouvernement dans la direction qu'elle venait de prendre, Mirabeau faisait en Provence la révolution. Ses écrits, ses discours, ses lettres, ses moindres billets, jetaient les germes féconds de l'esprit public. Toutes ses pensées, toutes ses démarches se dirigeaient vers un seul but ; et ce but digne de son ame, était une gloire immortelle, fondée sur les services qu'il se jugeait capable de rendre à son pays. Au milieu des travaux assidus, auxquels il se livra, des agitations, où cette circonstance décisive le tint pendant quelques mois, des combats interminables qu'il eut à soutenir dans les assemblées de la Noblesse, sa santé ne resta pas aussi ferme que sa tête et son courage.

Pour écrire ces protestations éloquentes, où la raison prend tout le caractère de la passion, mais où la véhémence n'est fondée que sur la justice et la vérité, Mirabeau fut obligé de passer plusieurs nuits sans sommeil ; et des journées employées en discussions orageuses, en négociations, en mouvemens de tout genre, étaient peu propres à calmer le désordre, que l'état de son ame imprimait à ses humeurs. C'est alors que se déclara pour la première fois une véritable ophtalmie, dont il n'avait encore eu que les annonces; ophtalmie qui s'est renouvellée à différentes époques, et d'ont les traces n'ont jamis été complettement détruites.

Tel est en abrégé l'historique des phases par lesquelles avait passé cette santé, jadis si vigoureuse, lorsqu'il réclama mes conseils : voilà ce qu'il me dit lui-même, ou ce que je recueillis des personnes qui le voyaient le plus habituellement, entr'autres de son valet de chambre, qui le servoit avec zèle, et qui mettait trop d'intérêt à cet excellent maître pour n'avoir pas fait sur son état beaucoup d'observations. Quelques membres de l'assemblée m'assuraient d'ailleurs que, depuis deux ou trois mois, Mirabeau ne jouïssait pas sans effort de toute l'activité de sa tête, et que cet esprit si fertile dans les détails, et si prompt à faire des combinaisons sans nombre, marchait souvent avec une lenteur pénible, ou même cherchait envain quelquefois et ses idées et ses expériences. Comme des travaux d'un genre différent ne me permettaient pas de suivre l'assemblée, il fallut bien recueillir à cet égard les remarques d'autrui, me réservant le droit de juger par moi-même quand j'aurais observé par moi-même.

Voici maintenant ce que j'apperçus, soit au premier coup-d'œil pour certains objets, soit pour d'autres, après plusieurs examens réfléchis.

La glande qui s'etoit formée au col, conservait un volume considérable. Quand elle paraissait diminuer ou se ramollir, l'œil gauche devenait plus malade ; quand l'œil se rapprochait de l'état sain, elle redevenait ou plus grosse ou plus dure, et toujours un peu douloureuse. Je jugeai de-là qu'il y avait un rapport intime entre ces deux centres d'irritation, entre ces deux rendez-vous des humeurs dépravées ; je crus voir de plus que le foyer de l'opthalmie était dans la glande ; et quoique je n'eusse pas osé soutenir que ce foyer existait déjà lors de la premire attaque qui avait eu lieu en Provence, je ne doutais nullement que les attaques actuelles, ou plutôt que la perpétuation de la diathèse ophtalmique ne lui fût due.

Les sueurs abondantes auxquelles le malade était habitué, et que cette habitude lui avait rendu nécessaires, avaient diminué considérablement par le défaut d'exercice ; elles s'étaient même presqu'entièrement supprimées, à la suite de bains chargés de sublimé corrosif dont il avait fait usage. Toute l'habitude du corps était devenue languissante et lourde ; les forces avaient tombé rapidement ; la couleur du visage était mauvaise ; l'estomac ne digérait plus avec la même activité ; l'ame commençait à se livrer à la mélancolie et l'esprit au découragement. L'idée d'une mort prochaine, les préparatifs de ce dernier passage avaient remplacé les projets des plus grands travaux et les espérances d'une ambition qui sentait ses forces, et qui n'aspirait à se trouver sur un grand théâtre, que pour répandre d'incalculables bienfaits sur l'espèce humaine ; enfin les jouissances même de la gloire, dont cette imagination passionnée avait toujours fait son idole, ne s'offraient plus à elle avec les mêmes couleurs et le même charme.

On avait placé des vessicatoires sur différens points, dans le voisinage de la tête ; et c'est après leur usage que la glande s'était développée. On avoit ouvert un cautère du côté de l'œil malade ; et sans qu'il en fût résulté d'amélioration sensible pour cet organe, les forces générales en avaient souffert, la langueur du corps en était augmentée. Ces moyens, dont je suis très-éloigné de vouloir censurer l'application, car peut-être les aurais-je tentés moi-même ; ces moyens, dis-je, n'avaient point opéré le bien qu'on pouvait en attendre ; mais de plus ils avaient causé des désordres qu'on n'avait pas dû redouter. Comme tous les évacuans dont l'action se dirige mal, au lieu de soulager la nature de ses fardeaux, au lieu d'enlever les obstacles qui rendaient ses tentatives infructueuses, ils la privaient d'une précieuse portion de la substance nourricière ; ils déterminaient une chaîne de faux mouvemens, dont la répétition ruinait la puissance vitale, et qui traînaient à leur suite un épuisement d'un genre particulier, dont les praticiens exercés ont vu plus d'un exemple.

Les vessicatoires avaient été déja supprimés, non-seulement sans désavantage pour le malade, mais même avec un succès frappant. M. Jaubert, médecin de Provence, en avait, avec raison peut-être, désaprouvé l'emploi, ainsi que celui du cautère ; il paraissait approuver au contraire la suppression de ce dernier, que le malade desirait ardemment : j'y consentis sans répugnance ; mais l'évacuation qui se faisait par cette voie, avait besoin d'être remplacée : il fallait lui faire perdre son caractère énervant et vicieux : je voulais la rendre utile, je voulois qu'elle fût dépurante et critique, sans affaiblir, sans porter aucun désordre dans les fonctions vivantes. Une seule issue ne suffisait pas pour cela : je sentis qu'il était nécessaire de ranimer à la fois toutes les sécrétions, de solliciter tous les couloirs, de veiller à l'intégrité d'énergie de tous les viscères principaux. En conséquence j'employai tour à tour les bains tièdes, les sudorifiques doux associés aux diurétiques, les fondans, les purgatifs par épicrase, les eaux minérales dépurantes et toniques. Au bout de peu de jours, le retour des forces, le perfectionnement des digestions, l'activité rajeunie, la couleur ranimée du visage, le sentiment d'une plus grande vie et beaucoup de bien être, me firent voir que j'avais frappé juste. Ce mieux si marqué dura pendant toute la fin de l'été et le commencement de l'automne ; il ne fut troublé par nul accident, quoique le malade restât peu fidèle au régime dont nous étions convenus.

Vers les derniers jours d'octobre ou les premiers de novembre, Mirabeau eut une colique très-douloureuse, causée par plusieurs verres d'eau à la glace. Cette colique le prit entre minuit et une heure. Toute sa maison le crut empoisonné. Comme il fallait du tems pour venir me chercher à Auteuil, et que les douleurs ne laissaient pas de relâche, le malade fit appeller M. Jaubert, qui le mit d'abord dans le bain, et lui donna bientôt après un vomitif. Le vomissement entraîna beaucoup de bile, et avec elle la colique elle-même, du moins en très-grande partie. Le jour suivant le malade garda le lit; le surlendemain il était sur pied, se souvenant à peine des sobffrances qu'il avait éprouvées trente ou trente quatre heures auparavant.

A mesure que la saison se refroidissait, les sueurs, qui n'avaient été soutenues que par des moyens artificiels, diminuaient sensiblement; je sentis qu'il fallait y suppléer. J'employai pour cela de tems en tems les eaux salines purgatives; et dans les intervalles, je continuai l'emploi des fondans.

Au commencement d'octobre, j'avais fait faire des frictions mercurielles sur la glande: leur effet avait été très-prompt; la glande s'était fondue aux trois-quarts, et des purgatifs avaient à fur et mesure, entraîné les produits de cette fonte. Le malade continuait à se trouver beaucoup mieux; les forces étaient entières, les facultés intellectuelles plus actives et plus fermes que jamais.

L'entrée de l'hiver n'apporta presqu'aucun changement à sa situation. Il jouissait de tous ses moyens; mais malheureusement il en jouissait trop pour un homme qui respirait si rarement le grand air, et dont l'exercice ne réparait plus les fautes diététiques. Il faut bien l'avouer, puisque rien n'est d'ailleurs plus notoire, personne ne s'est joué de sa santé d'une manière si imprudente.

Avant l'Assemblée, Mirabeau menait la vie d'un homme de lettres fort assidu; mais il menait en même tems la vie la plus active : il compensait par un exercice violent et continuel, ses grands travaux de cabinet; et moyennant ce mêlange, sa forte constitution ne s'était jamais ressentie d'aucun excès: il n'y en avait point en quelque sorte pour lui.

Du moment que l'Assemblée eut ouvert ses séances, il n'en fut plus de même. A dater de cette époque, son seul exercice consistait dans le trajet de sa demeure à la salle; et même depuis que nos représentans avaient suivi le roi à Paris, il ne faisait guères ce court chemin qu'en voiture. Or, voilà la seule chose qu'il eut changée dans son genre de vie. Il n'avait pas voulu sentir que dès-lors il n'était plus le même homme, et qu'il ne lui étoit plus permis de hasarder ce dont il n'avait plus le moyen de réparer les inconvéniens, ou de prévenir les suites fâcheuses. Mon amitié l'a toujours trouvé docile et fidèle sur tous les points, excepté sur celui-là : l'attachement des personnes auxquelles il avait donné son cœur, ses espérances et ses projets de travail, la noble ambition dont il était animé, l'amour de la gloire, l'image même

même du bien qu'il pouvait faire à ses semblables, rien n'arrêtait dans ses desirs cet homme impétueux, qui se sentait immortel par trop de points, pour se croire sujet aux loix communes des infirmités et de la mort. Pourquoi faut-il donc que de si rares talens, cette hauteur d'ame, cette énergie et cette sensibilité, tiennent au même principe qui produit les grandes erreurs? Pourquoi des hommes divins à tant de titres, ne le sont-ils point encore par la sagesse qui les conserverait à l'humanité? Mais gardez-vous, lecteur, de croire aux calomnies répandues contre Mirabeau; aucune de ces habitudes qu'on est obligé de se désavouer à soi-même, n'était faite pour lui. Il avait tous les goûts passionnés; il n'en avoit aucun d'avilissant: il ruinait ses forces; il ne dégradait jamais son cœur.

Sa présidence était venu se joindre à toutes les autres causes de destruction. La manière supérieure et neuve dont il remplit cette place importante, exigeant de lui des travaux extraordinaires, entraîna des fatigues qu'il n'était plus capable de supporter. Son ophtalmie reparut avec une nouvelle violence. Je fus obligé d'employer des moyens très-actifs et très-prompts, pour le mettre en état de terminer sa quinzaine. A-peu-près dans le même temps, des oppressions, des crispations diaphragmatiques, des malaises douloureux de l'orifice supérieur de l'estomac, se firent sentir à plusieurs reprises; mais ils ne furent pas de longue durée; ils se terminèrent toujours par des déjections bilieuses spontanées ou provoquées par les eaux de Sedlitz. Le malade me disait que dans sa famille, on était sujet à ces incommodités ; que plusieurs de ses parens avaient eu des difficultés de respirer, approchantes de l'asthme ; que son pere, pendant les trente dernières années de sa vie, avait beaucoup souffert d'étouffemens convulsifs, et de ce qu'il appelait *une barre* à la région du diaphragme. D'autre part, l'excès de travail et de contention d'esprit, les inquiétudes, les traverses, les anxiétés, en un mot cet état continuel d'émotion profonde où le tenaient les affaires publiques, avait tendu toutes les fibres sensibles. L'homme le plus robuste était devenu susceptible d'être remué par les plus faibles impressions : ses muscles restaient toujours ceux d'un Hercule ; ses nerfs étaient presque ceux d'une femme délicate et vaporeuse. Voilà pourquoi je ne donnai pas d'attention suivie à ces resserremens pénibles du diaphragme, dont il se plaignit à moi, dans trois ou quatre circonstances différentes. Je les considerai comme de simples accidens nerveux, qui n'avaient d'autre cause que l'excessive irritation du systême, et que des bains et des calmans devaient dissiper. En effet le bain les diminuait toujours ; et comme je viens de le dire, une diarrhée naturelle ou de legers purgatifs, les emportaient entièrement

Volney vient de me dire que Mirabeau, peu de tems après sa présidence, avait éprouvé devant lui, pour s'être penché précipitamment, des angoisses précordiales, au point de tomber presqu'en faiblesse. Mais cet accident se dissipa comme l'éclair, et n'eut aucune suite. J'insiste là-dessus, pour montrer que l'épanchement formé dans le péricarde, et la coagulation lymphatique qui recouvrait extérieurement la plus grande partie du cœur, quoiqu'ils datent vraisemblablement de cette époque, n'avaient donné aucun signe notable de leur formation, et que les phénomènes qu'on pourrait en regarder comme des indices, se rapportant plus naturellement à des causes spasmodiques, ou au désordre de l'estomac, il eût été sans doute déraisonnable et téméraire de les attribuer à leur véritable cause. Les médecins éclairés savent combien les maladies du cœur sont obscures, et combien, lors même qu'elles s'annoncent par des signes constans, palpables, univoques, leur existence est encore problématique et leur traitement hasardeux. J'aurais eu grand tort (rien n'est plus sûr) de supposer le cœur organiquement affecté, d'après les symptômes que je rapporte, et plus grand tort d'employer les remèdes auxquels cette supposition devait me conduire.

L'ophtalmie qui força Mirabeau de quitter le fauteuil pendant deux jours, vint tirer un rideau que depuis long-tems je cherchais à soulever. En prenant un aspect plus tranchant, elle développa le caractère de sa cause elle-même ; elle confirma du moins des soupçons que je n'avais encore pu vérifier avec quelque certitude ; et malgré certaines complications qui demandaient des égards, malgré l'excès et le désordre de la sensibilité, malgré la vie orageuse à laquelle le malade était condamné pour un tems indéfini, mon parti fut pris dès-lors de commencer un traitement décisif et radical.

Tandis que je faisais toutes mes combinaisons et que je préparais mes moyens, l'habitude des imprudences prenait tous les jours de nouvelles forces : la constitution dépérissoit, l'estomac devenait plus inactif et plus débile ; le pressentiment vague d'une destruction prochaine revenait par intervalles : mais ce pressentiment n'était pas plus efficace pour faire adopter un bon systême de vie, que les représentations de la médecine et les tendres sollicitations de l'amitié, bien plus dignes sans doute de produire cet heureux effet.

J'ai oublié de dire que la physiologie de Mirabeau présentait un phènomene remarquable : ses cheveux naturellement bouclés se prêtaient à merveille à la frisure lors qu'il était bien portant : dans l'état de maladie, et même dans des incommodités legères, leurs ondulations s'éffaçaient en quelque sorte ; et de leur racine à leur pointe ils devenaient d'une mollesse sensible à la main. Aussi quand je m'informais de sa santé, mes premières questions à son valet de chambre roulaient sur ce phénomène; et ce n'était pas celles où j'attachais le moins d'importance. Depuis plusieurs mois, le valet de chambre était souvent mécontent : je l'étois plus souvent encore. Les imprudences se renouvellaient et se rapprochoient de plus en plus.

Il y eut une première colique que des bains calmèrent, et qui se termina d'elle-même par des évacuations bilieuses. Il y en eut une seconde qui dès le début, prit un caractère spasmodique très-marqué, le garda pendant plusieurs heures, et finit pourtant par exiger un un vomitif, dont je complettai l'action en provoquant les intestins avec des eaux salines. A la suite de cette colique, le malade, mal remis de la secousse qu'il avait essuyée, fit un excès de table. En santé, le dîner était son seul repas; faible et languissant, il osa y joindre un repas de nuit: il soupa, et ne s'en tint point à cette faute, si grave par elle-même. Le lendemain je le trouvai très-changé; mais il éluda mes questions. Il riait de mes craintes; il réservait mes avis pour le tems où la nature se refuserait à tout; et son aveugle confiance dans le sentiment de ses forces, qui survivait encore à leur chûte, hâtait le coup fatal qui devait nous l'enlever.

Il avoit nouvellement acquis une jolie maison de campagne, appelée le *Marais*, et située à la porte d'Argenteuil. Il s'y rendait les samedis, tantôt pour y passer le dimanche tout entier, tantôt pour respirer seulement pendant quelques heures, jouir de l'aspect d'un beau ciel, et surveiller des travaux qui faisaient son amusementt. Occuper un grand nombre d'ouvriers, lui paraissait un véritable bienfait public; mais en même temps sa charité compatissante pourvoyait au sort du pauvre incapable de travail. En faisant annoneer qu'on trouverait toujours chez lui de l'ouvrage et de bons salaires, il avait autorisé le curé d'Argenteuil à tirer sur lui des lettres-de-change, en pain, viande, gros linge, etc., pour les malades ou les nécessiteux invalides.

C'est dans cette campagne où il étoit avec quelques amis, et où mes affaires m'avaient empêché de le suivre, comme il le désirait; que dans la nuit du samedi au dimanche vingt-sept mars, il fut attaqué d'une nouvelle colique, moins douloureuse peut-être que les précédentes, mais compliquée d'angoisses inexprimables, dont l'éloignement de tout secours, aggravoit encore les sinistres impressions. Le lendemain, l'affaire des Mines se discutait à l'Assemblée. Il avait parlé sur ce sujet une première fois, et l'on avoit ordonné la publication de son discours : cependant il s'en fallait de beaucoup que son opinion fût encore généralement adoptée. Une bonne administration des mines, intéresse essentiellement la fortune publique; rien de plus important, que de bien marquer la limite qui sépare les droits des propriétaires de ceux de la société, de respecter les uns en veillant à la conservation des autres, et d'empêcher que la loi ne devienne complice d'odieuses vexations, ou ne laisse nonchalamment enfouie une grande source de travail et de richessesses. Il sentait fortement tout cela. Il n'écouta donc ni les observations des personnes qu'il avait auprès de lui, ni le sentiment profond et pénible dont toute son existence étoit accablée. Il vint à l'Assemblée nationale; et pour la dernière fois, il y parla à cinq reprises, et toujours avec la même éloquence. C'était le chant du cigne. Il eut la douce satisfaction de faire triompher une cause, à laquelle il tenait particulièrement, par l'examen le plus scrupuleux, et la conviction la plus entière : mais dès-lors, il se sentit frappé décidément à mort.

Lacheze, mon confrère et mon ami particulier, le rencontra sur la terrasse des Feuillans, où il l'avait fait prier de passer au sortir de la séance. Mirabeau lui peignit sa situation physique, et l'effet accablant des derniers efforts qu'il venait de faire. Sa physionomie en disait bien davantage. --- Vous vous tuez, lui dit Lacheze. --- Peut-on faire moins, répondit-il, pour la justice et pour si une grande cause ? . . . Une foule tumultueuse les entourait. Vingt personnes voulaient parler d'affaires à Mirabeau: les unes lui présentaient des mémoires, les autres lui demandaient quelques minutes d'attention. Arrachez-moi d'ici, dit-il à Lacheze: j'ai besoin de repos; et si vous n'avez pas d'engagement pour la journée, faites-moi le plaisir de me suivre à la campagne.

Je n'étais point à Paris ce jour-là. On lui avait proposé plusieurs fois de m'envoyer chercher. Il avait toujours répondu: le dimanche est le seul jour où Cabanis donne plusieurs heures de suite à ses amis d'Auteuil : cet arrangement lui est cher; je ne veux pas absolument qu'on le trouble.

Il prit Lachèze avec lui dans sa voiture et repartit pour le Marais où il était attendu.

Quand on se mit à table, il étoit près de six heures du soir. Hors un bouillon qu'on lui avoit donné le matin à son départ, il n'avait rien pris de la journée. Il mangea peu; mais il mangea. La soirée et la nuit furent plutôt inquiètes et pénibles, que douloureuses.

Le lundi matin, en arrivant à Paris, j'allai chez lui, où il m'avait donné rendez-vous, ne sachant encore rien de ce qui s'était passé depuis le samedi.

Le samedi matin, je lui avais présenté deux artistes célèbres, MM. Molinos et Legrand, auxquels il avait proposé, dans une longue conversation, des idées et des plans qui mériteront d'être recueillis et publiés un jour. Je l'avais laissé, non pas bien portant, mais calme; et jamais il n'avait eu plus de présence d'esprit, plus de fertilité de conceptions, plus de richesse de parole.

En arrivant chez lui le lundi, je ne fus pas très-étonné d'apprendre qu'il avait été malade; je savais les erreurs de régime qu'il avait commises dans les derniers jours de la semaine précédente: mais je le fus quand son portier me dit, et quand son secrétaire me confirma, qu'il resterait à dîner au Marais, et ne reviendrait à Paris que le soir. L'importance des affaires pour lesquelles il m'avait donné rendez-vous, me fit juger qu'il n'y manquait pas sans de graves motifs. Je conçus des inquiétudes, et je pris sur-le-champ une voiture pour aller le joindre.

Le Cocher qui me conduisait voulut passer par Courbevoye et Colombe. Au dessous de Colombe, le chemin de charroi est absolument impraticable. Ma voiture s'embourba de telle maniére qu'il lui fut également impossible d'avancer et de reculer. Je pris le parti de faire à pied le reste de la route. Je rapporte cette particularité, parce quelle m'empêcha de revenir à Paris aussitôt que je l'aurais voulu, et d'y voir Mirabeau le soir avant de regagner Auteuil. En arrivant au Marais, on me dit qu'il n'y était plus. Inquiet sur son état et craignant que dans peu d'heures peut-être la voiture ne lui devînt impossible à soutenir, il était reparti avec M. Frochot, son ami très-intime et bien digne de l'être, avec M. de Champfort et Lacheze. Malgré la juste confiance qu'il avait dans les lumières de ce dernier, il desirait ardemment de m'avoir auprès de lui; et son amitié trop reservée et trop timide se refusait à l'idée de me déplacer pour plus d'un jour.

Les personnes qui étaient restées au Marais, me firent le tableau de ce qu'il avait souffert : elles me rendirent compte, tant bien que mal, des remèdes, ou plutôt des palliatifs qu'on avait employés, de l'accablement où l'avait mis la séance de la veille, enfin des vagues allarmes que leur donnaient tant de rechûtes compliquées avec tout ce qui pouvoit les rendre graves, et avec ces altérations profondes qui présagent toujours un danger réel. Leur récit rédoubla mes inquiétudes; mais je me fis un devoir d'en cacher une partie, parce que je savais combien mon opinion pouvoit augmenter l'effroi, et que celui qu'on me témoignait n'étant fondé que sur de simples vraisemblances toujours très-équivoques, je le voyais près de se calmer, avec tout aussi peu de fondement.

On me dit que Mirabeau souffrant et l'imagination noircie, avait pourtant toujours montré la sérénité la plus douce, quelques fois même la gaîté la plus naïve, à plusieurs hôtes venus de Paris pour le voir plus à l'aise dans sa retraite. On me parla des changemens qu'il faisait faire, non dans la maison, dont il avait trouvé tous les appartemens réparés et meublés à neuf, mais dans les deux pavillons qui décorent l'entrée, et dans le jardin, où la distribution du sol offre plusieurs emplacemens pour des fabriques pittoresques. Il destinait l'un de ces pavillons à une petite famille que d'anciennes liaisons lui rendaient chère . il destinait l'autre aux rêveries du philosophe ou du littérateur ; et son amitié se flattait avec raison d'y posséder successivement plusieurs hommes d'un mérite rare, qui le recherchaient avec empressement, et qui s'étonnaient chaque jour davantage de le trouver si propre à parler la langue de tous les esprits. Au bout du jardin, ou plutôt au bout du parc, il élevait un temple à la LIBERTÉ. La statue de cette première divinité de son cœur devait s'appuyer d'une main sur une colonne, où l'on auroit lu ces mots : *égalité des hommes*. De l'autre, elle devoit tenir un glaive enveloppé dans le volume de la loi. Sa physionomie auroit été sévère, mais calme. Ce n'étoit pas la liberté, soulevant les peuples contre leurs oppresseurs, qu'il vouloit peindre; cet emblême est celui de son enfance : il voulait donner une idée de sa maturité ; il vouloit faire sentir qu'elle n'existe que par les loix ; que leur exécution despotique ne lui est pas moins essentielle que leur formation populaire; et que son régime, comme il le dit lui-même dans un de ses discours encore manuscrits, est peut-être plus austère que les caprices des tyrans.

En retournant à Paris, il rappelait les dangers auxquels il avoit échappé depuis quelques tems; et, pour éloigner toute crainte, son aimable délicatesse les envisageait comme entièrement dissipés. Je ne sais pas trop, disait-il à M. de Champfort, si je dois m'en réjouir. N'est-il pas vrai que vous auriez fait sur moi un bon article de biographie, vous, Garat et Cabanis? Là dessus il passa rapidement en revue les différentes époques de sa vie; il se jugea sans prévention; mais il se jugea sans modestie ridicule et fausse. Il insista principalement sur cette jeunesse orageuse, dont on a tant exagéré les erreurs; et du récit le plus simple et le plus fidèle, il résultait, que si Mirabeau n'eût pas eu toutes les inclinations vertueuses et droites; si même il n'avait pas été doué de cette bonté de cœur qui tempère les effets d'une haute énergie, les circonstances où l'avoient placé les caprices des hommes et le hasard des évènemens, en auraient dû faire un être d'autant plus hors de la nature, et même hors de la morale, qu'il était plus susceptible de sentir profondément l'injustice, et de se révolter contre la tyrannie.

Ceux qui l'ont vu de près savent s'il ressemblait aux peintures qu'on faisait de son caractère, et que la crédulité recevait sans discussion des mains de la haine ou de l'envie, de ces mains cruelles qui pendant plus de quinze ans, le noircirent de fiel avec la plus opiniâtre persévérance: ils savent s'il fut jamais un homme plus sensible à l'amitié, plus tendre envers ses amis, plus facile dans son intérieur, plus aimable dans le commerce de la vie, plus obligeant, plus incapable de soutenir sans émotion l'aspect du malheur, plus véritablement enclin à la bienfaisance; ils savent si le goût de la raison, l'attrait de la vertu, le sentiment de la justice et de la rectitude n'étaient pas chez lui des penchans plus habituels peut-être que ses passions elles-mêmes. Mais ce n'est point ici le lieu de le peindre et de l'apprécier. Un jour viendra où mettant en regard et les immortels ouvrages dont sa plume a doté les lettres, la philosophie ou la morale, et les inappréciables services qu'il a rendus à la patrie, et l'histoire naïve de son cœur, de ses pensées, de ses habitudes intimes, de ses rapports particuliers avec les hommes, nous laisserons sans crainte au public le soin de juger si la place qu'il mérite comme bon, n'équivaut pas à celle qu'il obtient comme grand. Aujourd'hui je me borne à traçer l'esquisse de ses dernières journées; et je ne dois point me permettre de sortir des faits qu'elles présentent.

Ce ne fut pas sans souffrir beaucoup en route que Mirabeau revint à Paris. A son arrivée, on lui dit que j'étais allé au Marais. Ce contretems l'affligea sensiblement. Il balança s'il ne repartirait point tout de suite pour venir me reprendre. Il était hors d'état de le faire ; et quand il l'aurait voulu, Lacheze ne l'aurait jamais souffert. Au milieu de ses douleurs, l'idée de la fatigue que je pouvais essuyer, des perplexités où je devais être, de la peine qu'il me causait, l'occupait avec force, et quelquefois presqu'uniquement. — Ce pauvre Cabanis, disait-il, quelle journée cruelle je lui fais passer ! — Il y revenait sans cesse. — Combien il doit être en peine ! que d'inquiétudes je lui donne ! Il voulut entrer dans mon appartement pour m'attendre ; il eut toutes les peines du monde à monter l'escalier. En repartant, il prit un volume de Racine dans sa poche, pour charmer sa douleur par la lecture des plus belles scènes d'Esther et d'Athalie.

J'attendis longtems une voiture pour repartir du Marais : il était huit heures et demie quand j'arrivai à Paris. Dans la maison de Mirabeau, où je courus en grande hâte, l'on me dit qu'il était allé aux bains chinois, accompagné de Lacheze, qui ne l'avait pas quitté un seul instant ; on m'ajouta que les douleurs ayant été calmées par le bain, il avait un peu mangé, et qu'ils avaient été ensemble à la comédie italienne, dans l'espérance que la musique et le spectacle pourraient le distraire.

Madame Helvétius, auprès de qui je passe ma vie à Auteuil, ne savait rien de l'état de

Mirabeau, ni de ce qui m'était arrivé dans la journée. Je rentre ordinairement de bonne heure, ou quand je reste plus tard à Paris, ce n'est jamais sans qu'elle en soit prévenue d'avance. Je craignais de la laisser dans une grande inquiétude: elle était incommodée elle-même, et par conséquent plus susceptible des affections tristes. D'autre part, je jugeai que Lacheze n'aurait pas permis au malade d'aller dans une salle tumultueuse et pleine de monde, si le mieux n'eût été très-sensible. D'après ces réflexions, je pris le parti de regagner Auteuil; et je recommandai que s'il survenait quelque chose de nouveau, l'on m'envoyât chercher sur-le-champ.

Vers les onze heures, Lacheze m'envoya un postillon pour me rendre compte de ce que j'ignorais. A la suite du bain, le mieux avait été réel; mais dans la détermination d'aller à la comédie, il y avait beaucoup de ce courage et de cette volonté forte qui caractérisaient Mirabeau, et par lesquels il secouait la douleur physique, comme les peines morales. Le spectacle ne l'avait point distrait; cependant, toujours maître de diriger son esprit à son gré, sa conversation roula sur les objets qu'il avait sous les yeux, sur les théâtres en général, sur la musique, sur le jeu des acteurs; et chaque article lui fournit des vues étendues ou des remarques pleines de finesse. Il était toujours lui-même.

Le bruit et les lumières commençaient à le fatiguer. La douleur s'étoit réveillée sans pourtant être devenue insupportable. Elle paraissait même vouloir se dissiper ; quand tout-à-coup abandonnant l'intestin colon qu'elle avait constamment occupé dans tous les accès et durant toutes leurs phases, elle se porte avec violence sur l'os sternum qui recouvre la partie antérieure de la poitrine. Mais, bien loin d'y rester fixe, elle parcourt en un instant presque tous les points de cette cavité, presque toutes ses dépendances internes et externes ; le diaphragme, la région précordiale, le médiastin, les mamelles, les clavicules. Partout elle cause l'impression d'une griffe de fer, qui serrerait des parties sensibles avec force.

Les anxiétés étaient très-grandes. Le malade eut beaucoup de peine à descendre de sa loge : sa voiture ne se trouva pas au rendez-vous qu'il avait marqué. Il se traîna jusque chez lui, non sans d'horribles souffrances, appuyé sur le bras de Lacheze. Il éprouvait de violens frissons.

Sa respiration étoit si gênée, qu'il semblait près d'étouffer. Rien n'affaiblissait son courage, rien ne diminuait sa patience. Il s'occupait encore de ses amis, malgré ses tourmens ; il craignait de les incommoder. Il voulait éviter de faire une scène ; et c'est pour cela qu'il refusa constamment d'entrer dans un caffé, pendant qu'on aurait fait chercher sa voiture. Les suffrages et l'affection du public lui étaient infiniment précieux ; mais quoiqu'on ait pu penser et dire, jamais homme ne rechercha moins les regards dans les lieux fréquentés, et n'éprouva plus d'embarras de se trouver en spectacle,

Après des efforts incroyables, il arrive enfin chez lui, dans un état affreux. Son portier et son secrétaire lui apprirent que j'étais de retour du Marais, et que j'attendais de ses nouvelles à Auteuil. Il avait prononcé plusieurs fois mon nom ; il me desirait beaucoup ; mais il ne voulait pas absolument qu'on me fît relever : au milieu d'angoisses mortelles, il s'occupait de la fatigue passagère d'un ami.

Lacheze me mandait dans son billet que les douleurs venaient de s'appaiser un peu : il m'indiquait ce qu'il se proposait de faire, me demandait mon avis, et m'assurait que, si le danger venait à croître, il m'enverrait chercher, sans attendre le consentement du malade.

Je lui répondis ce que la circonstance me suggéra, et me recouchai, plein de la plus cruelle agitation. A minuit j'entendis arriver la voiture ; je me levai précipitamment et je partis.

Il n'était pas tout-à-fait une heure quand j'arrivai chez Mirabeau ; je le trouvai prêt à suffoquer, respirant avec la plus grande peine, le visage gonflé par l'arrêt du sang dans le poumon, le pouls intermittent et convulsif, les extrémités froides, et faisant de vains efforts pour retenir les plaintes que lui arrachait la douleur. Sa physionomie portait déjà l'empreinte

preinte des maladies funestes. Jamais, au premier aspect, aucun malade ne m'a paru si décidément frappé à mort. Mon émotion qui fut extrême et qu'il me fut impossible de déguiser, lui fit trop sentir, ainsi qu'aux personnes qui l'entouraient, ce que je pensais de son état. Il me dit : mon ami, je sens très-distinctement qu'il m'est impossible de vivre plusieurs heures dans des anxiétés si douloureuses : hâtez-vous ; cela ne peut pas durer. Il avait raison. Mon parti fut pris sur le champ ; j'ordonnai une saignée du pied, et l'application de larges vessicatoires aux gras des jambes, et de sinapismes très-aiguisés sur tout le bas de l'extrémité inférieure. Des hommes qui se mêlent de juger au hazard et sans la moindre connaissance des faits sur lesquels ils prononcent, et qui plus est des médecins qu'un peu de respect pour eux-mêmes, si ce n'est l'esprit de justice, devrait rendre plus réservés dans leurs jugemens, ont désaprouvé cette première saignée ainsi que celle dont l'accès du surlendemain me parut offrir la pressante indication : l'ouverture du cadavre a fait voir si j'avais eu tort.

Pendant qu'on faisait lever M. de la Rue, chirurgien, et que l'apoticaire préparait les vessicatoires et les sinapismes cantharidées, le malade était toujours plus inquiet. Calmez-vous, lui dis-je, vous allez être soulagé dans peu. Je serais tranquille, me répondit-il, si l'on m'avait laissé remplir un important devoir. Frochot vous dira ce que c'est. M. Frochot me dit qu'il avait demandé son notaire, et qu'il voulait faire son testament. Je revins auprès de son lit et je lui dis que nous avions d'abord des remèdes à mettre en usage, qu'il s'agissoit de le faire vivre au lieu de le disposer à mourir. -- Songez, me répondit-il, mon cher Cabanis, que le sort d'un grand nombre de personnes en dépend. Prenez-y bien garde : je vous dis que demain vous vous en répentirez. --- Comment pouvez-vous insister, lui répliquai-je, vous êtes dans un état que l'art peut soulager ? Serait-il possible qu'un médecin, je ne dis pas un ami, choisit ce moment pour vous abandonner aux gens d'affaires ? Il ne revint plus sur cet objet.

Les douleurs augmentaient au lieu de diminuer. Il trouvait que M. Delarue n'arrivait pas. Son impatience était bien excusable ; mais M. Delarue, dès ce moment même et pendant tout le cours de la maladie, lui a rendu les soins les plus assidus et les plus zélés, et le malade les a reconnus par des marques continuelles de confiance et d'amitié.

La saignée rendit, à l'instant, le pouls plus régulier, en rendant la respiration plus libre ; et sitôt que la moutarde et les cantharides commencèrent à mordre, les douleurs s'appaisèrent progressivement ; le pouls revint par degrés à son état naturel ; il s'établit, de la tête aux pieds, une sueur halitueuse du meilleur caractère. Enfin la plus cruelle et la plus dangereuse situation fit place au bien-être le plus complet, à l'ensemble le plus concordant de mouvemens critiques. Dans tout le courant de la journée, nous eûmes soin de soutenir la sueur avec des boissons chaudes, simplement délayantes : mais le soir, les cantharides ayant légèrement affecté la vessie, nous prescrivîmes, à deux fins, une émulsion camphrée. Le camphre, donné de cette manière, est très-désagréable à prendre ; mais ses effets sont plus uniformes et plus surs. Il produisit ceux que nous en attendions : les ardeurs de vessie se calmèrent, et la sueur augmenta considérablement encore.

Mirabeau, la tête pleine des plus grands projets, doué d'une activité dont il avait enfin trouvé le théâtre, jouissant de la vie autant et plus qu'aucuu autre mortel ; placé dans des circonstances qui lui promettaient une immense carrière d'ambition et de gloire ; chéri de quelques amis dignes de faire son bonheur, et le cœur plein lui-même de ces profondes affections sans lesquelles on ignore la vraie existence humaine; Mirabeau devait aimer à vivre; en mourant, il perdait plus qu'une vie.

Le soir du mardi, ce mieux ou plutôt ce calme plein se soutenant toujours, il se crut absolument hors de danger. Il temoignait doucement le plaisir qu'il avait de revenir des portes du tombeau; mais ce qui lui rendait sa résurrection plus chère en quelque sorte, c'était de penser qu'il m'en était redevable. Ce sentiment entrait pour plus qu'on ne saurait croire, dans la satisfaction touchante qu'il nous exprimait. — Ah ! oui, disait-il, il est bien doux de devoir la vie à son ami ! je me livrais moi-même à ces idées fantastiques, j'écartais les impressions que j'avais reçues le matin, impressions qui chez tout autre malade, m'auraient permis bien peu d'espérance ; j'en croyais plutôt mon cœur et mes vœux, que ma raison, que cet instinct médical dont les jugemens me décident toujours malgré moi.

Un homme qui s'occupait tant des autres dans ses douleurs, ne les oublia pas quand elles furent assoupies. Jugeant que madame Helvétius deêtre inquiète de moi, il voulut absolument que j'allasse la voir dans l'après-dîné. Je lui dis que je reviendrais passer la nuit auprès de lui. Ami, medit-il, en me serrant la main, je n'ai pas le courage de vous refuser.

En rentrant je ne le trouvai pas tout à fait aussi bien. Mais c'était le moment où la révolution diurne accélère le pouls, même dans l'état sain, et se fait sentir plus fortement encore aux malades, dont elle aggrave presque toujours les accidens. Je n'en fus pas très-inquiet. J'ordonnai quelques remèdes palliatifs de peu d'importance, et je le laissai plus tranquille vers minuit, en allant prendre un peu de repos dont j'avais grand besoin.

Livré à des réflexions qui n'étaient pas exemptes de graves inquiétudes, ce fut en vain que j'attendis le sommeil. Je ne pus fermer l'œil de toute la nuit. Son image, telle qu'il s'étoit présenté à moi la veille, dans le tems du péril, revenait sans cesse à ma mémoire. Il m'était impossible de me faire à l'idée de sa mort ; mais j'avais besoin de me livrer à des illusions pour croire qu'il pouvait guérir. Je m'y livrais avec cet aveugle sentiment qui nous cache ce que nous craignons de voir, mais qui le cache mal, et nous laisse entre les deux affections de la crainte qui se combat, et de l'espérance qui n'ose s'apprécier.

Le jour commençait à poindre, lorsque je descendis dans la chambre du malade. Nous étions au mercredi. La nuit n'avait pas été sans mal-aise; cependant il y avait eu quelques heures d'un sommeil tranquille. Je trouvai le pouls plus vîte et plus élevé; la bouche étoit pâteuse et même un peu amère, la tête lourde et douloureuse, la chaleur de la peau au-dessus du terme naturel. Cet état avait été précédé d'un sentiment très-fugitif de froid aux extrémités, surtout aux extrémités supérieures; en un mot, tout attestait l'existence actuelle d'un appareil fébrile. Dans ce moment, le spasme artériel qui en résulte toujours, avoit fait reparaître, mais en diminutif, le spasme précordial et diaphragmatique. En conséquence je me déterminai à reprendre l'usage des purs délayans, sur lesquels, à l'exclusion de tout autre remède, j'insistai pendant plusieurs heures. Le dégoût du malade me força de passer successivement à différentes boissons, mais dont l'effet était absolument le même, ou très-analogue. Le mal de tête se dissipa, la peau redevint plus fraîche, la bouche cessa d'être amère, le pouls reprit un caractère harmonique et régulier.

Tout-à-coup les spasmes se réveillent à la poitrine; ils se jettent tour-à-tour sur l'omoplate droite, sur la clavicule et sur la région du diaphragme. Les premières aberrations du pouls reparaisssent; c'est-à-dire qu'il redevient intermittent et convulsif ; mais je ne vois plus trace de fièvre, ni d'aucun mouvement qui l'avoisine. Je crus devoir faire ranimer les épispatiques révulsifs. On fit un nouveau *magma* de moutarde et de poudre de cantharides, et l'on en recouvrit les pieds sous mes yeux. Cette nouvelle application produisit au bout de trois-quarts d'heure ou d'une heure, des douleurs si vives, que je fus obligé d'enlever le tout, renonçant pour le moment à completter l'effet que j'en avais attendu. Cet effet était déjà pourtant à peu près ce qu'il pouvait être. Les spasmes étaient déplacés ou considérablement affaiblis ; la sueur recommençait à couler, et le pouls rentrait dans son rithme le plus voisin du naturel. Alors il se développe un état bilieux très-caractérisé ; le teint jaunit, la langue se charge, et des rapports de bile ne laissent pas plus de doute au malade qu'au médecin. Au bout de quelques heures, les douleurs centrales se réveillent ; et cette fois, elles subsistent conjointement avec celles que les épispatiques causaient aux extrémités. Ma première idée fut de regarder la présence d'une certaine quantité de bile dans l'estomac et le duodénum comme la cause excitante de ces nouvelles douleurs : un examen plus réfléchi confirma cette opinion ; et nous donnâmes de petites doses de sel de Sedlitz dissout dans du petit lait, afin de provoquer quelques selles. Cet objet direct fut bien rempli par ce doux évacuant : mon but ultérieur ne le fut pas moins bien ; car les douleurs se dissipèrent presqu'entièrement ; chaque évacuation semblait en emporter une partie.

Ce fut encore ici pour moi, je l'avoue, un sujet d'erreur. Je crus avoir enfin découvert le véritable foyer du mal ; et perdant encore de vue mon premier pronostic, je me regardai comme maître de la maladie. La soirée fut bonne. Après l'effet du purgatif, les sueurs se ranimèrent d'elles-mêmes, ce que je trouvais du plus heureux augure.

Nous profitâmes de ce moment pour nourrir le malade, qui n'avait pris que des boissons légères depuis plus de deux fois vingt-quatre heures. Nous lui donnâmes du bouillon, et autant que je puis m'en souvenir, un petit verre de vin de Bordeaux par-dessus. J'y fus déterminé par la chûte des forces, laquelle était alors presque le seul phénomène douteux et suspect. Il fut convenu qu'on réitérerait les bouillons de quatre heures en quatre heures, pendant la nuit, en y joignant chaque fois une faible dose du même vin pour aiguilloner l'estomac et hâter les digestions.

Avant que je me retirasse dans ma chambre, il y avait eu différens accès faibles et de courte durée, pendant lesquels la difficulté de respirer, l'intermittence et le caractère convulsif du pouls, les douleurs plus ou moins fortes et les anxiétés précordiales avaient augmenté et diminué tour-à-tour, mais sans ordre fixe. La respiration, depuis le commencement de la maladie, n'avait jamais été complettement libre ; les autres accidens au contraire avaient tout-à-fait disparu par intervalles.

Il y avait près de quarante-huit heures que le malade était dans son lit, sans pouvoir presque remuer, et sans avoir changé de linge et de camisolle. Ce soir, il voulut se lever ; et dans le tems qu'on renouvelloit son lit il, se fit placer sur une chaise longue. Ce fut dans ce changement de situation que la perte des forces se manifesta de la manière la plus sensible.

Dès le premier jour, la maladie de Mirabeau était devenue un intérêt public. Le mardi soir, on accourait déjà de tous côtés pour savoir de ses nouvelles. L'idée qu'il avait couru le plus grand péril, commençait à faire sentir combien cette tête était précieuse. Où trouver en effet un autre homme qui pût rapprocher un jour les différens partis dans l'intérêt de la chose publique, ou les contenir tous par l'ascendant de son influence, autant que par celui de ses talens ?

Le mercredi, plusieurs journaux parlaient de la perte dont on avait été menacé, comme d'une calamité générale, et du prompt rétablissement, sur lequel on aimait à compter, comme de l'objet de tous les vœux. Les estimables auteurs de la Chronique, qui, dans aucun temps, n'avaient cessé de rendre justice à Mirabeau, disaient que son médecin, s'il avait le bonheur de le conserver, mériteroit des remercimens au nom de la Patrie. On lui rapporta ce mot : il y fut très-sensible ; il le répéta plusieurs fois, en témoignant combien il trouvait doux de voir associer son ami, aux sentimens qu'il inspirait.

Sa porte ne cessa tout le jour d'être assiégée par une suite nombreuse d'hommes de tout état, de tout parti, de toute opinion. La rue se remplissait déjà de peuple ; et dans tous les lieux publics, les groupes ne s'entretenaient que de cette maladie, qu'on regardait, avec raison, comme un très-grand évènement. Les bulletins se renouvellaient plusieurs fois dans la journée ; mais ils ne suffisaient pas à l'inquiétude universelle. Dans l'intervalle de l'un à l'autre, il fallait encore donner de nouvelles verbales ; et sitôt qu'ils paraissaient, ils étaient enlevés avec une incroyable promptitude, et en si grand nombre, qu'on prit enfin le parti de les faire imprimer.

Les parens, les amis, les connoissances plus particulières de Mirabeau, remplissaient sa maison, sa cour, son jardin, où leur foule se renouvellait d'heure en heure. Le soir, la Société des amis de la Constitution envoya une députation, à la tête de laquelle était M. Barnave. Le malade fut très-touché de cette marque d'intérêt de la part d'une Société dont il connoissait les importans services, et qu'il regardait comme aussi propre, soit par elle-même, soit par ses nombreuses affiliations, à seconder le rétablissement de l'ordre et l'exécution des loix, qu'elle l'avait été dans les premiers temps, à soutenir le zèle et les efforts du patriotisme. Il entendit avec plaisir une phrase obligeante de M. Barnave, qui lui fut rapportée avec exactitude. Mais lorsqu'on l'assura quelques heures après, qu'un membre de la même société, représentant comme lui de la Nation, connu pour un des plus ardens patriotes, avait refusé d'être de cette députation, son étonnement fut presque aussi grand que celui des personnes qui l'environnaient ; et je ne puis nier qu'il n'ait dic ce mot, dont trop de papiers publics ont fait mention, que je ne répéterai point, et sur lequel même, je voudrais, par respect, pour un nom que l'amour de la liberté paraît consacrer encore, pouvoir jetter le voile de l'oubli. Il m'ajouta : jugez combien une pareille conduite est inconcevable : dans le temps *de la fameuse égratignure que vous savez*, je n'ai pas laissé passer un seul jour sans envoyer chez lui savoir des ses nouvelles, ou sans y aller moi-même.

Dans le public, on croyait Mirabeau très-colère et très-vindicatif. L'impétuosité de ses goûts et de ses opinions l'exposait, il faut en convenir, à des violences de premier mouvement. Cependant cet homme si facilement irrité par les provocations, ou par les obstacles, était celui qui savait le mieux maîtriser son ame : cet homme qui, sans doute, était susceptible de profonds ressentimens, puisqu'il avait beaucoup d'énergie et de dignité dans le caractère, sacrifia toujours ses passions personnelles au succès des affaires publiques. Dans les orages de l'assemblée, jamais on ne l'a vu s'emporter de manière à perdre la liberté de son jugement et l'à-propos de ses ressources. Dans les occasions où son rapprochement des personnages qu'il aimait le moins, pouvait avoir quelqu'objet d'utilité générale, il n'a jamais fait grande résistance. Je l ai vu plus d'une fois faire dans ce genre des sacrifices dont, en les approuvant beaucoup., j'avoue que j'aurais difficilement été capable. Souvent, d'ailleurs, il décriait les opinions, il attaquait les démarches, il censurait les vues, sans que les personnes y fussent pour rien ; et pour peu qu'on sût intéresser sa générosité, il n'était pas d'injure qu'on ne pût lui faire mettre en oubli. Je l'ai vu de très près ; je l'ai vu assez long-tems ; je l'ai vu dans toutes les situations ; et j'atteste que jamais il ne fut d'être moins haîneux, moins capable d'une vengeance méditée et suivie.

Le mercredi soir, vers les onze heures, il était passablemement bien. Les épispastiques avaient produit beaucoup d'effet ; les sueurs baissaient, mais sans aggravation très-sensible d'aucun symptôme. Tous les couloirs étaient libres, et le pouls n'était pas mauvais. Cependant, comme je l'ai dit, la gêne de la respiration ne cessait jamais entièrement, même dans le tems le plus calme ; et depuis quelques heures elle paraissait avoir augmenté.

A minuit, je crus m'appercevoir en le quittant qu'il se préparait un orage. Il y avoit de la concentration dans le pouls, et les inspirations étaient pénibles et serrées. Je recommandai qu'à la moindre exacerbation des accidens, on vint m'avertir sur l'heure.

Le jour venait de poindre quand je descendis dans sa chambre. On me dit en entrant qu'il avait souffert considérablement depuis trois heures ; mais qu'il n'avait jamais voulu consentir à me laisser éveiller. Le pouls reprenait par degrés le même caractère que dans l'accès du lundi au mardi ; les douleurs commençaient à déployer la même férocité ; enfin les étouffemens, les spasmes et tout l'appareil effrayant qui les avait accompagnés d'abord, revenaient à grand pas, et présageaient une cruelle journée. Je fis appeller M. de la Rue, et ensuite l'apothicaire qui était plus voisin, pour placer des sangsues à la poitrine. L'un et l'autre dormaient encore; mais le dernier m'envoya des sangsues. Je les plaçai moi-même. Elles mordireut mal. En attendant, les spasmes et les douleurs faisaient de rapides progrès ; il étaient si forts quand M. de la Rue arriva, que nous prîmes le parti de répéter la saignée du pied et l'application des sinapismes cantharidées, de ranimer les vessicatoires qui étaient placés aux jambes, et d'en placer de très-larges aux cuisses. Immédiatement après, nous fîmes donner, de demie-heure en demie-heure, une pillule de six grains de musc, jusqu'à ce que le malade en eut pris de trente à quarante grains.

Ce remède est certainement d'une grande efficacité ; mais il n'agit qu'à haute dose. Dans cette circonstance, il parut séconder puissamment l'effet de la saignée et des sinapismes ; et la sueur qui s'établit pendant son action, fut plus abondante, et présénta des apparences encore plus critiques que celle du mardi.

Ce nouvel accès dura long-tems ; il fut très-grave. La physionomie y contracta un aspect qu'elle ne perdit plus. C'était celui de la mort, mais d'une mort pleine de vie, si l'on peut s'exprimer ainsi. Malgré l'amélioration progressive du pouls, malgré la diminution des étouffemens, des douleurs et des spasmes; malgré la souplesse de la peau et l'apparence si favorable de la sueur, il me fut impossible de voir désormais Mirabeau vivant. Il sentit lui-même qu'il n'était déjà plus, et les assistans ont remarqué que lui et moi, nous parlâmes toujours, dès-lors, de sa vie au passé, et de lui comme d'un homme qui avait été, mais qui avait cessé d'être.

Jusques-là son courage était resté dans les bornes de la fermeté, de la résignation, de la patience. A ce moment, il prit un caractère plus imposant et plus élevé. L'aspect de sa fin qu'il voyait approcher, donnait à ses pensées quelque chose de plus grave, de plus ptofond, de plus vaste; à ses sentimens, quelque chose de plus affectueux, de plus abandonné, de plus sublime. Tant qu'il avait espéré guérir, il avait éloigné même ses amis, pour laisser agir les remèdes en paix, et ne troubler leur action par aucune émotion vive. Quand il vit, ou plutôt quand il sentit qu'il n'y avait plus d'espoir il voulut les voir tous sans cesse auprès de lui, sans cesse converser avec eux, sans cesse tenir sa main dans les leurs, et saisir ces derniers instans, pour rapprocher dans un court espace. toutes les jouissances, peut-être, qu'une longue vie peut faire trouver dans l'amitié.

Depuis plusieurs années, M. de la Marck admirait ses talens, et avait beaucoup d'attrait pour sa personne. Depuis le commencement de l'assemblée, des rapports philosophiques d'opinions, une tendance commune vers l'affranchissement et le bonheur de l'espèce humaine les avaient unis plus étroitement. Malgré la trempe différente de leur esprit et de leur caractère, ils étaient faits l'un pour l'autre; ou plutôt M. de la Marck, convaincu de l'extrême utilité dont Mirabeau pouvait être à la chose publique, s'était fait une sorte de devoir de devenir son ange invisible et tutelaire, d'épier soigneusement pour lui tout ce que de grandes occupations laissent nécessairement ignorer, de veiller même quelquefois à ses intérêts comme à sa gloire.

Dans les premiers jours de sa maladie, Mirabeau n'avait presque pas vu M. de la Marck. Celui-ci, sachant d'ailleurs que le malade avait besoin de repos, et que plusieurs personnes harcelaient sa porte, pour la franchir malgré les ordres précis donnés par lui-même, venait chercher des nouvelles plusieurs fois par jour, mais se tenait à l'écart, avec une réserve qui prouvait mieux son amitié, qu'un empressement plus impétueux. A datter du jeudi matin, Mirabeau le demandait à chaque instant; et sa vue lui semblait nécessaire pour s'acquitter avec cetami si noble et si généreux, par l'expression mille fois répétée des sentimens qu'il avait pour lui.

Sa famille n'était pas exceptée des ordres qu'il avait donnés à sa porte. On sait qu'il avait peu de relations avec le plus grand nombre des individus qui la composent. Leurs opinions relativement aux affaires actuelles, et leur conduite particulière relativement à lui, le mettaient en droit d'écarter des caresses feintes. Mais il avait toujours aimé tendrement Madame du Saillant sa sœur, femme respectable, si digne de son affection, par la noblesse de son caractère, et par cette bonté touchante, qui la rendait vénérable et chère à tout ce qui l'approche. Il la fit prier de venir chez lui avec madame d'Arragon sa fille, et ses autres enfans qu'il regardait comme les siens propres ; et dans un moment de calme, il voulut la voir, pour la rassurer et lui donner les dernières marques de ses sentimens plus que fraternels.

Cependant le danger étant très-pressant, et ma responsabilité trop pénible pour mon cœur, j'aurais désiré d'invoquer d'autres lumières et d'appeller de nouveaux secours. Mais le malade avait montré d'une manière si décisive sa répugnance pour tout autre médecin que Lacheze et moi ; il était même entré dans un accès de colère si violent quand on lui en avait parlé, que je me résolus avec courage à prendre tout sur moi. Je suis convaincu que le public est hors d'état de juger le traitement d'un simple rhume : une triste expérience m'a fait voir que parmi mes confreres dont je pourrais rechercher l'opinion, le plus grand nombre ne prononce pas toujours, à beaucoup près, avec cette justice et cette bonne foi, qui peuvent seules donner du prix à un jugement. En conséquence je n'attache aucune importance à la rumeur publique. L'approbation de quelques hommes de l'art éclairés et droits me suffit : et s'il faut dire jusqu'au bout ce que je sens, avec la conviction de ma raison et le témoignage de ma conscisnce, je me passerais fort bien de toute approbation étrangère. J'avais donc pris mon parti sur tous les discours auxquels je devais être en butte ; mais je ne pouvais le prendre sur le sort du malade. Madame du Saillant et M. de la Marck m'ayant invité plusieurs fois à demander un conseil, je leur proposai d'envoyer chercher M. Antoine Petit : on fit partir sur-le-champ une voiture pour Fontenai-aux-roses. M. de la Rue proposa M. Jeanroi : on envoya chercher M. Jeanroi presque au même instant.

M. Petit que je connoissois peu, est un des médecins de l'Europe dont j'estime le plus le tact, et dont j'honnore le plus le caractère. Je me flattais en rappellant plusieurs traits de sa vie et plusieurs mots qui lui sont échappés, de le faire recevoir par le malade. M. Jeanroi m'était moins connu : mais il passe pour un praticien éclairé ; et je savais que c'est un fort honnête homme.

M. Jeanroi arrive. Je lui fais l'histoire de la maladie et du traitement ; mais il demande avec raison à reconnaître les objets par lui-même. Je ne peindrai pas l'emportement de Mirabeau, quand je lui proposai de voir d'autres medecins : cet emportement fut extrême ; il refusa formellement ma demande, et il me dit : je ne vous empêche pas de dire ou de faire hors de ma chambre tout ce qu'il vous plaira ; mais qu'ils n'entrent point ici, si vous ne voulez pas que je vous cause le dernier chagrin. M. Jeanroi me donna quelques avis avec beaucoup d'intérêt : on va voir dans l'instant qu'il me fut impossible de les suivre.

Je redescends dans la chambre du malade. Non, me dit-il d'une voix forte, je ne verrai personne. Vous en avez eu tout les inconvéniens ; si je reviens à la vie, vous en aurez

tout

tout le mérite ; je veux que vous en ayez toute la gloire. Mirabeau, lui répondis-je, voilà de ces mots qui me font plus de mal que votre colère, et de ces considérations dont je ne puis pas n'être point affligé profondément. Il fut inflexible : il le fut encore lorsque M. Petit arriva, c'est-à-dire deux heures après.

M. Petit, malade lui-même, était accouru avec un zèle que je n'oublierai de ma vie. Monsieur, je craignais bien, lui dis-je, que vous ne pussiez pas venir nous aider de vos lumières dans cette déplorable circonstance. -- Mon cher confrère, me répondit-il, je serais venu en morceaux. Je lui fis part des dispositions du malade ; il n'en fut affligé que par la difficulté de me conseiller utilement sans le voir. Je m'efforçai d'y suppléer par un tableau fidèle des accidens, et du traitement que j'avais mis en usage ; on a prétendu qu'il avait désapprouvé la saignée ; il ne désapprouva rien, absolument rien.

En réfléchissant sur la maladie, je trouvais qu'il y avait eu un grand accès dans la nuit du samedi au dimanche, un second dans celle du lundi au mardi ; un troisième dans celle du mercredi au jeudi. Cette périodicité si marquée, jointe à la marche anomale des symptômes et à leur caractère pernicieux, me fit soupçonner une fièvre intermittente maligne, cachée sous des apparences humorales et spasmodiques. Je communiquai ma conjecture à M. Petit ; il la trouva fondée ; et nous convînmes d'essayer le quinquina, d'abord à faible dose, et associé à de doux laxatifs, ensuite à dose très-haute, si ces premiers essais faisaient expliquer plus clairement la nature, et si leurs résultats nous confirmaient dans cette route.

Je rendis compte au malade du point de vue nouveau que son état nous présentait ; il en fut frappé comme d'un motif d'espoir, et il s'en réjouit comme d'un trait distingué de médecine qu'il supposait devoir me faire beaucoup d'honneur. M. Petit repartit sans l'avoir vu ; mais il m'assura que nous pouvions toujours disposer de lui ; et il fut convenu entre nous que nous l'enverrions chercher le lendemain matin, nous flattant que je parviendrais peut-être à fléchir enfin le malade.

Quand on sut dans Paris que nous devions donner le quinquina, de toutes parts les gens qui croyaient en avoir de choisi, s'empressèrent de nous en envoyer. L'excellent M. Pilos, l'une des plus fameuses victimes de l'inquisition, sous le nom *d'Ollavidez*, vint lui-même nous apporter quelques onces de celui qu'il reçoit directement de sa patrie, laquelle est aussi celle de cette précieuse écorce. Il nous pressait de le donner en grande quantité et sans mêlange ; mais comme je n'étais pas sans beaucoup de doutes, je m'en tins au plan arrêté de concert avec M. Petit. La première dose ne produisit aucun effet sensible ; la seconde n'agit pas davantage ; le malade revomit la troisième, et je m'apperçus le vendredi matin que le pouls, loin de prendre plus de développement et de régularité, comme il fait toujours qnand le quinquina détermine des changemens utiles, se concentrait, redevenait convulsif, et intermittent; et même que le systême artériel commençant à perdre de sa force, cessait d'être en harmonie avec les systêmes nerveux et musculaires. D'ailleurs, la peau se desséchait, les urines coulaient plus difficilement, et la gêne de la respiration s'aggravait d'une manière très-menaçante. Je suspendis le quinquina; je fis ranimer les sinapismes et les vessicatoires des cuisses et des jambes, et je me bornai d'ailleurs à des boissons calmantes, en attendant M. Petit.

Quand le malade vit le peu de succès du quinquina ;— tu es un grand médecin, me dit-il; mais il est un plus grand médecin que toi, celui qui fit le vent qui renverse tout, l'eau qui pénètre et féconde tout, le feu qui vivifie ou décompose tout.

Je lui avais dit la veille que son sort serait jugé le samedi matin. Il m'appelle, et, me serrant la main avec tendresse; -- vous avez raison, mon ami, mon sort sera jugé demain dans la matinée; je le sens. Il prononça ces mots avec une sérénité touchante, et avec un accent qui retentit encore dans mon cœur.

M. Petit devait arriver à huit heures, je voulais absolument qu'il le vît. J'étais trop ému pour être bien sûr de ma tête, et je ne voulais pas me laisser d'éternels remords. Je revins, avec le malade, sur le compte de M. Petit: je lui citai les mots que je m'étais rappellés pour cela : il les trouva d'un grand genre : je lui parlai de sa vie privée, de son dévouement à ses amis, de sa probité sans tache. Il m'écoutait avec plaisir. -- Il faut absolument que vous le voyez. -- Mon ami, me dit-il, pourquoi me tourmenter inutilement, vous savez bien que je n'ai de confiance qu'en vous ? Mais, lui répondis-je, vous savez aussi toute celle que j'ai dans M. Petit ; vous ne pouvez pas douter que ce ne soit un homme rare pour le talent ; pourquoi me priver d'un secours dont je crois avoir besoin ? ce n'est pas pour vous que je vous le demande, c'est pour moi. Il paraissait ébranlé. -- C'est en effet un homme, me dit-il : écoutez, Cabanis, j'y consens ; mais je vous avertis de vous défier de vous même ; votre tendre affection pour moi vous fait faire une chose à laquelle je ne devrais pas consentir : mon ami, vous avez plus de génie et d'ame que de caractère. Qu'on me pardonne de citer ici ces exagérations de l'amitié : elles me sont chères, et ce ne sont pas de misérables jouissances d'amour propre que j'y trouve.

Mirabeau avait vu l'émotion profonde de M. de la Marck ; il l'avait vu, pour la première fois, verser des larmes. -- C'est un spectacle bien touchant, nous dit-il, que celui d'un homme calme et froid, ne pouvant cacher qu'à demi une douleur contre laquelle il s'arme vainement.

Il recevait les soins les plus assidus et les plus affectueux de son ami M. Frochot. Personne, disait-il, ne me remue avec autant d'adresse que lui. Si j'en revenais, je ferais un bon mémoire sur l'art de garde-malade; il m'en a fourni plusieurs idées principales, et m'a fait naître celle de quelques procédés qui me paraissent devoir être avantageux.

Il demandait à l'un de nous de lui soulever la tête : je voudrais, ajouta-t-il, pouvoir vous la laisser en héritage.

Il s'informait toujours de ce qui se passait à l'assemblée nationale; il parlait des affaires de l'extérieur; il s'occupait principalement des vues cachées de l'Angleterre. Ce Pitt, me disait-il, est le ministre des préparatifs. Il gouverne avec ce dont il menace, plutôt qu'avec ce qu'il fait. *Si j'eusse vécu*, je crois que je lui aurais donné du chagrin.

Je lui parlais de l'intérêt extraordinaire qu'on prenait à sa maladie, de l'empressement avec lequel le peuple demandait par-tout de ses nouvelles, et venait en savoir à sa porte, de l'attention qu'on avait eue de barricader la rue au-dessous et au-dessus de sa maison, afin que le bruit des voitures ne l'incommodât point pendant la nuit. --- Ah oui, sans doute, s'écria-t-il à ce récit; un si bon peuple est bien digne qu'on se dévoue à son service : il m'était glorieux de lui consacrer ma vie toute entière; je sens qu'il m'est doux de mourir au milieu de lui.

Il y avait déja long-tems que le pouls n'existait plus quand M. Petit arriva. Déjà même les bras et les mains étaient glacés; Cependant leur mouvement n'était point affaibli, et la force musculaire se soutenait d'une manière étonnante. Du reste, la respiration devenait plus mauvaise de moment en moment ; les spasmes et les douleurs plus insupportables par intervalles, la physionomie plus effrayante.

Le malade reçut M, Petit avec sa grace ordinaire. -- Je vais, dit-il, parler avec franchise à l'homme qui passe pour aimer le mieux ce ton. J'ai toujours cru qu'on ne devait avoir pour médecin, que son ami. Voilà mon ami et mon médecin ; il a ma confiance entière et exclusive. Mais il est plein d'estime pour vos lumières et de respect pour votre caractère moral. Il m'a cité de vous des mots qui contiennent, en quelque sorte, toute la révolution, et des traits qui prouvent qu'au milieu des institutions sociales, èt malgré la culture peu commune que vous avez donnée à votre esprit, vous êtes encore resté l'homme de la nature. J'ai donc pensé qu'un pareil homme, si j'avais eu le bonheur de le rencontrer, serait devenu mon ami. Voilà, Monsieur, ce qui m'a déterminé à vous voir. M. Petit lui repondit, que l'ami, dans toute la rigueur du mot, était encore plus celui qui aimait, que celui qui était aimé ; et qu'à ce titre, il méritait d'être regardé comme l'ami de M. de Mirabeau ; que depuis long-tems il le suivait des yeux dans son immortelle carrière, et qu'il chérissait en lui la patrie, la liberté, la constitution.

Il examina très-attentivement le malade ; celui-ci voulut savoir quel était son pronostic ; il lui demanda la vérité franche, l'assurant qu'il était fait pour l'entendre. *J'estime, lui répondit M. Petit, que nous vous sauverons ; mais je n'en répondrais pas.*

Nous nous retirâmes dans une pièce voisine. -- Le malade est perdu sans ressource, m'ajouta-t-il : faisons cependant ce que la circonstance indique. Mon avis est d'appliquer un vessicatoire à chaque bras, et d'employer le camphre, à la dose d'un demi-grain, de demie-heure en demie-heure. Tant qu'un homme respire encore, il ne faut ni l'abandonner, ni même désespérer entièrement. J'adoptai sans reclamation l'avis de M. Petit, et nous l'exécutâmes sans délai.

Quand nous repassâmes dans la chambre du malade, -- M. Petit, voyez, dit-il, toutes les personnes qui m'entourent : elles me soignent comme des serviteurs, et ce sont mes amis ; il est permis d'aimer et de regretter la vie, quand on laisse après soi de pareilles richesses.

Six heures après l'application des vessicatoires, comme ils ne produisaient point encore de douleur, nous les relevâmes pour examiner la partie ; à peine était-elle un peu rouge. Je la fis ventouser et laver avec de l'alcali volatil ; et l'on replaça de nouveaux vessicatoires très-forts. La douleur et la chaleur s'établirent en peu d'heures ; les spasmes et les anxiétés diphragmatiques diminuèrent encore une fois ; la sueur reparut ; et comme tous ces effets ne se soutenaient point, je réitérai les lotions d'alcali volatil, qui complettèrent le dernier effort de la nature, et nous donnèrent la dernière lueur d'espérance. Le malade fut bien toute la soirée, jusqu'à onze heures, et même, je crois, un peu plus tard.

Après le départ de M. Petit qui promit de revenir le lendemain, je m'assis auprès du lit du malade, commandant autant qu'il m'était possible à mon émotion. -- Son mot est sévère, me dit-il; je l'entends: vous êtes moins décidé. Je suis porté à juger comme lui; mais je me plais à croire comme vous : ma confiance, mon amitié et les projets auxquels elle m'attache, s'en accomodent mieux. --- M. Petit, lui répondis-je, est un vieux praticien; quand on a vu beaucoup de malades, on est moins présomptueux :je suis encore dans l'âge de la présomption; et peut être n'en suis-je point exempt.

Il me comprenait très-bien; et surement il n'espérait plus; mais il voulait toujours avoir l'air d'espérer, pour ménager la tendresse de ses amis. L'après-dîner, il voulut faire son testament : il fit demander M. Mautort, son notaire; et en attendant, il s'entretenait avec M. Frochot des devoirs qu'il avait à remplir. J'ai des dettes lui disait-il, et je n'en connais pas la quotité précise : je ne connais pas mieux la situation de ma fortune : cependant j'ai beaucoup d'obligations importantes pour ma conscience, et chères à mon cœur. M. Frochot rapporta ces paroles à M. de la Marck qui répondit : allez lui dire que si sa succession ne suffit point aux legs qu'il fera, j'adopte ceux que son amitié voudra bien recommander à la mienne : il faut lui donner encore un bon moment.

Mirabeau, digne de ce dévouement généreux, en sentit tout le prix, mais n'en fut point étonné; il accepta, comme un homme qui en aurait fait autant; et il en usa sans immodération, mais sans réserve minutieuse.

Depuis deux jours, je recevais de toutes parts des avis et des indications de remèdes infaillibles. J'étais excédé de lettres à écrire de billets à répondre, d'explications à donner: la grandeur de l'intérêt excusait tout. Mais je ne pouvais suffire à des fatigues étrangères, qui venaient se joindre aux fatigues nécessitées, et aux continuelles angoisses de ma situation.

Dans cette après-dîné, je fus harcelé d'une cruelle manière. Quelques personnes s'étaient mis dans la tête que les poudres de James pouvaient rendre Mirabeau à la vie. En conséquence elles étaient venues me proposer ce moyen. L'idée en avait été répandue dans le peuple qui assiégeoit la porte, et dans les groupes du Palais-Royal. Des intrigans, à ce qu'on me dit, cherchaient à diriger sa colère contre nous pour exécuter, dans le tumulte des vues très-perverses.

Je m'opposai formellement à l'emploi des poudres de James; je déclarai que non-seulement je ne les proposerais point au malade, mais que je lui en dirais mon avis, s'il le demandait; et que jamais, d'après quelque motif, dans quelque situation que ce pût être, je ne me servirais, comme on l'exigeait de moi, de la confiance que le malade m'avait accordée, pour lui faire prendre un remède dans lequel je n'en avais aucune. On insistait. --- Vous le croyez perdu ; les cures merveilleuses opérées par ces poudres sont constantes. Ne vaut-il pas mieux tenter une ressource douteuse que de rester dans un désespoir inactif ; je répliquai : les secrets de la nature ne me sont pas tous connus ; elle peut tenter quelqu'effort utile : mais je connais très-bien l'effet des poudres de James ; je sais aussi très-bien qu'elles ne conviennent nullement dans la circonstance actuelle, et suivant moi, le malade périrait infailliblement dans leur opération. M. Petit, auquel on avait dépêché un exprès pour le consulter là-dessus, fut du même avis ; et l'on ne donna point les poudres.

L'ouverture du cadavre prouve, combien nous avions raison. Je ne dis pas cela pour affliger les personnes qui mirent tant d'obstination à me faire adopter leur spécifique ; la pureté de leurs vues les justifie sans doute. Mais je voudrais leur faire sentir, qu'on ne saurait prononcer avec trop de défiance sur des objets dont on n'a pas de notions bien claires, et dans lesquels les erreurs sont à la fois et si faciles, et d'une si grande importance.

Tant que dura cette lutte pénible, je n'en parlai point au malade. Quand elle fut terminée je lui en rendis compte. -- Où en suis-je donc, me di-t-il, pour que les empiriques et les bonnes femmes croyent pouvoir s'emparer de moi ? Cabanis, je vous rends responsable de tout ce qui me concerne, je vous le déclare, et cette responsabilité, je la place dans votre conscience.

M. l'évêque de Lyon et M. l'ancien évêque d'Autun, ses amis, le virent ce jour-là même, l'un le matin, l'autre le soir. Le public connaît le résultat de sa conversation avec le dernier. Celle qu'il eut avec l'évêque de Lyon, fut courte. Quoi qu'en aient dit quelques journaux, ce sont les seuls ecclésiastiques qu'il ait reçus pendant sa maladie. Mais ceux-là n'étaient pas indignes de recueillir ses derniers sentimens.

Cette nuit je ne le quittai point; je me couchai sur une chaise longue à côté de son lit. La poitrine se prenait de plus en plus, et le malaise était très-grand : cependant son esprit avait une telle activité que les idées lui faisaient oublier les souffrances, et que le halètement de sa respiration n'était pour lui qu'un bruit incommode, qui le dérangeoit dans ses méditations, sans beaucoup l'occuper d'ailleurs. Il provoquait sans cesse la conversation pour enrayer le mouvement de sa tête, craignant que si ce mouvement croissait encore il ne se transformât en véritable délire. Les pensées et les images se présentaient avec une rapidité étonnante : j'amais peut-être son langage n'eût autant de précision, d'énergie et d'éclat.

Aussitôt que le jour parut, il fit ouvrir ses fenêtres, et il me dit, d'une voix ferme et d'un ton calme : mon ami, je mourrai aujourd'hui; quand on en est là, il ne reste plus qu'une chose à faire; c'est de se parfumer, de se couronner de fleurs, et de s'environner de musique, afin d'entrer agréablement dans ce sommeil, dont on ne se réveille plus. Il appela son valet de chambre, allons qu'on se prépare à me raser, à me laver, à faire ma toilette toute entière; je lui observai que son accès n'étant pas fini, le moindre mouvement deviendrait très-préjudiciable, et pourrait le rendre mortel, au lieu que peut-être il ne le serait pas, en gardant le repos nécessaire; il est mortel, me repondit-il. Son valet de chambre avait été fort malade le jour précédent. Eh bien, mon pauvre *Teisch*, comment cela va-t-il aujourdhui? Ah! mon cher maître, je voudrais bien que vous fussiez à ma place. Le malade, après un moment de réflexion, lui répliqua : tiens, je ne voudrais pas que tu fusses à la mienne.

Il me fit approcher de lui, et me tendant la main : -- Mon bon ami, me dit-il, je mourrai dans quelques heures; donnez-moi votre parole que vous ne me quitterez plus; je veux finir avec un sentiment doux. Je lui répondis, en laissant échapper des sanglots, que je ne pouvais plus retenir. -- Point de faiblesse indigne de vous et de moi, ajouta-t-il; c'est un moment dont il faut que nous sachions jouir encore l'un et l'autre. Donnez-moi de plus votre parole que vous ne me laisserez pas souffrir des douleurs inutiles. Je veux pouvoir goûter sans mélange la présence de tout ce qui m'est cher.

Il demanda M. de la Marck, quand celui-ci fut arrivé, le malade s'adressant à moi :-- J'ai des choses importantes à vous communiquer à tous les deux; vous voyez que j'ai beaucoup de peine à parler; croyez-vous que je serai plus en état de le faire dans un autre moment. Je lui répondis : si vous êtes trop fatigué, reposez-vous ; mais, si vous le pouvez, parlez, dès ce moment même. En effet, il baissait à vue d'œil.

J'entends, me répondit-il, asseyez-vous donc sur mon lit, vous ici, vous là ; alors divisant en trois points ce qu'il avoit à nous dire, il nous parla pendant près de trois-quarts d'heure, d'abord sur ses affaires particulières, ensuite sur les personnes chères qu'il laissoit après lui ; enfin sur l'état des affaires publiques ; il glissa rapidement sur les premiers articles ; il ne pesa que sur le dernier. Cette conversation a été précieusement recueillie, et ne sera pas perdue pour l'histoire ; mais comme elle intéresse plusieurs individus, ce n'est pas le moment d'en rendre compte.

Quand il eut fini avec nous, il fit appeller M. Frochot ; il lui prit les deux mains, dont il mit l'une dans celle de M. de la Marck, et l'autre dans la mienne. -- Je légue ajouta-t-il, à votre amitié, mon ami Frochot ; vous avez vu son tendre attachement pour moi ; il mérite le vôtre.

Bientôt après il perdit la parole ; mais il répondait toujours par des signes, aux marques d'amitié que nous lui donnions. Nos moindres soins le touchaient ; il y souriait avec une sécurité et une grace inexprimables. Quand nous penchions notre visage sur le sien, il faisoit de son côté des efforts pour nous embrasser ; et le mouvement de ses lèvres nous avertissait de la douceur qu'il trouvait dans nos caresses.

Ses mains glaceés restèrent dans les nôtres pendant plus de trois heures. Son agonie fut calme pendant tout ce tems ; mais vers les huit heures, les douleurs se réveillèrent. Alors il me fit signe de lui donner à boire ; je lui apportai successivement de l'eau, du vin, de l'orangeade, je lui offris même de la gelée ; il refusa tout, et fit mouvement d'un homme qui veut écrire ; nous lui donnâmes uue plume et du papier ; il écrivit, très-lisiblement : *Dormir*. Je fis semblant de ne pas l'entendre ; il fit signe de lui rapporter le papier et la plume, et il écrivit : *Croyez-vous que la mort soit un sentiment dangéreux ?* Voyant que je n'adoptais pas sa demande, il écrivit encore : *Tant qu'on a pu croire que l'opium fixeroit l'humeur, on a bien fait de ne pas le donner, mais maintenant qu'il n'y a plus de ressources que dans un phénomène inconnu, pourquoi ne pas tenter ce phénomène ; et peut on laisser mourir son ami sur la roue, pendant plusieurs jours peut-être.*

Les douleurs augmentaient de moment en moment ; elles étoient déjà si violentes, qu'elles devenaient causes accélératrices de la mort ; mon devoir était alors de les modérer ; je formulai un calmant, et je dis au malade que dans une minute son vœu seroit rempli. M. Petit arrive sur ces entrefaites : comme nous passions dans un cabinet voisin, la douleur ranime tout à coup le malade et lui rend la parole ; il me rappelle avec force, et me dît : Jurez-moi que vous ne direz point ce que vous allez faire. M. Petit approuva le calmant ; mais il préféra de donner, dans de l'eau simple, le syrop diacode que j'avais ordonné dans une eau distilée. L'Apoticaire était dans la même rue ; cependant, il fallait le tems de revenir de chez lui : les douleurs devenaient atroces.* -- On me trompe, dit à M de la Marck le malheureux agonisant : -- Non, l'on ne vous trompe pas ; le remède arrive, nous l'avons tous vu ordonner. -- Ah ; les Médecins ! les Médecins ! reprit-il, et se tournant vers moi, avec un air mêlé de colère et de tendresse ; n'étiez vous pas mon médecin et mon ami ? ne m'aviez-vous pas promis de m'épargner les douleurs d'une pareille mort. Voulez-vous que j'emporte le regret de vous avoir donné ma confiance ? Ces paroles, les dernières qu'il ait prononcées, retentissent sans cesse à mon oreille. Il se tourna sur le côté droit dans un mouvement convulsif ; et ses yeux s'étant élevés vers le ciel, il expira dans nos bras vers les huit heures et demie. C'est à-peu-près à la même heure que la veille, entendant tirer des coups de canon, il s'était écrié comme en sursaut : N'est-ce pas là le commencement des funérailles d'Achille? M. Petit, pensif au pied de son lit, nous dit : il ne souffre plus.

On a prétendu qu'en mourant Mirabeau avoit prononcé cette phrase remarquable : -- *J'emporte dans mon cœur le deuil de la Monarchie, dont les débris vont être la proye des factieux*. C'est le précis, mais le précis très-exagéré de plusieurs de ses mots sur l'état des affaires publiques. Il aimait la Monarchie et craignait pour elle des dangers. Il pensait que la liberté conquise par l'insurrection, devait être conservée par le respect des loix; que les loix ne pouvaient être exécutées, que par une force active; que dans un grand empire, dont le peuple n'est pas encore éclairé, dont les mœurs sont avilies par des siècles d'esclavage, cette force doit résider dans les mains d'un seul; qu'en un mot, l'alliance de la vraie démocratie et du gouvernement Monarchique est la naturelle, et que nulle autre forme ne réunit au même dégré la vigilance d'une bonne police, à la garantie respectueuse de la liberté nationale, ce n'est pas les amis les moins zèlés de la révolution, ce n'est pas sur-tout les hommes les moins instruits de nos circonstances actuelles, qui pensent entièrement comme lui.

Après avoir reçu ses derniers soupirs, M. Petit et moi nous étions descendus dans le jardin; nous le parcourions tristement, ayant à peine la force de nous dire quelques paroles; quand je reçus une lettre conçue à peu près en ces termes. --- J'ai lu dans les papiers publics que la transfusion du sang avait été exécutée avec succès en Angleterre dans les maladies graves. Si pour sauver M. de Mirabeau, les médecins la jugeaient utile, j'offre une partie de mon sang, et je l'offre de grand cœur: l'un et l'autre sont purs. --- Au bas est une signature un peu déguisée; je crois que ce nom qui se cache est *Mornais* ou *Marnais*. L'indication de la demeure est, rue Neuve Saint-Eustache, no. 52. Je ne fais aucune réflexion sur cette lettre: il y a des traits qu'on défigure en les louanst.

Le

Le corps fut ouvert le lendemain dimanche vers midi, en présence d'un nombre très-considérable de médecins et chirurgiens, plusieurs d'entre eux y manifestèrent un grand esprit de sagesse, entre autres M. Petit et M. Vicq-d'Azir, dont les opinions font autorité dans toutes les parties de la médecine, mais sur-tout dans l'anatomie. L'estomac, le duodénum, une grande partie du foye, le rein droit, le diaphragme et le pericarde offraient des traces d'inflammation, ou plutôt, à mon avis, de congestion sanguine. Le pericarde contenait une quantité considérable d'une matière épaisse, jaunâtre, opaque : des coagulations lymphatiques recouvraient toute la surface extérieure du cœur à l'exception de sa pointe.

Certainement l'état du cœur, et l'épanchement dans lequel il nageait, peuvent être regardés comme mortels. Mais je crois, ainsi que Lacheze, dont les lumières et les soins m'ont beaucoup aidé dans le cours de la maladie, que la mort a été déterminée immédiatement par l'affection du diaphragme; et j'attribue toujours cette affection à l'humeur rhumastismale, gouteusse, vague, que nous en avions dès le début, regardée comme la cause. J'atteste avec candeur, qu'en retrouvant la même série de symptômes, je porterais encore le même jugement et que j'employerais les mêmes remèdes.

Pendant toute sa vie, c'est-à-dire, depuis le moment qu'il parut sur le théâtre de l'opinion, Mirabeau s'est vu constamment pourson caractère impétueux, avait, il est vrai provoqué plus d'une fois des ressentimens personnels; et quelques erreurs de sa jeunesse, donnaient aux yeux du public léger, une sorte de vraisemblance à de plus graves imputations. Mais l'histoire fidèle d'une vie où l'on trouve tant de grandes pensées, tant de sentimens généreux, tant de travaux utiles, étouffera pour toujours, dans le cri de la reconnoissance, ces clameurs envieuses que la majesté de sa mort et la douleur publique, ne font taire, peut-être que pour quelques instans. Encore une fois, ce n'est pas ici le lieu de le peindre, et d'épurer l'image immortelle de cette ame véritablement grande, véritablement digne de l'apothéose que la France lui décerne. Ma douleur fatiguée de toutes ces scènes cruelles dont je viens de retracer la suite, ne me permet pas d'aller plus loin. Je ne dirai qu'un seul mot; mais ce mot renferme tout: c'est que Mirabeau est mort irreprochable envers la Patrie et envers l'amitié.

FIN

www.ingramcontent.com/pod-product-compliance
Ingram Content Group UK Ltd.
Pitfield, Milton Keynes, MK11 3LW, UK
UKHW020408180726
13839UKWH00003B/1271

9 782329 609980